Kreatives und künstlerisches Gestalten in Freizeit und Beruf –
dafür steht der Name CHRISTOPHORUS seit mehr als 30 Jahren.
Jedes CHRISTOPHORUS-BUCH ist mit viel Sorgfalt erarbeitet:
Damit Sie Spaß und Erfolg beim Gestalten haben –
und Freude an unverwechselbaren Ergebnissen.

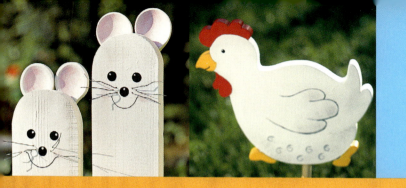

Laubsäge-Spaß
für Eingang & Garten

Erika Bock

Marion Dawidowski

Ingrid Moras

Sybille Rogaczewski-Nogai

INHALT

Dekorativ & nützlich		Seite 7
Material & Technik		Seite 8
Willkommen	Lustige Raben	Seite 10
	Fröhliche Hasen	Seite 12
	Butler	Seite 14
	Maus mit Erdbeeren	Seite 16
	Freche Piraten	Seite 18
	Kleine Hexe	Seite 20
	Hier spielen Kinder	Seite 22
	Kletter-Max	Seite 24
	Schuhputz-Igel	Seite 26
Für den Garten	Garten-Elfe	Seite 28
	Lustige Hühner	Seite 30
	Fröhlicher Gärtner	Seite 32
	Teddy mit Korb	Seite 34
	Nützliche Gartenmäuse	Seite 36
	Nilpferd mit Blumen	Seite 38
	Thermometer-Katze	Seite 40
	Handtuchhalter	Seite 42
	Klammer-Teddy	Seite 44
	Tierische Laternen	Seite 46
Weihnachten & Winter	Großer Engel	Seite 48
	Nussknacker	Seite 50
	Schneemänner	Seite 52
	Schneemann & Elch	Seite 54
Vorlagen		Seite 56

DEKORATIV & NÜTZLICH

Holz liegt ganz im Trend der Zeit. Wenn man mit offenen Augen durch die Straßen geht, entdeckt man originelle Türschilder, lustige Figuren und vieles mehr an Fenstern, Türen und in Nachbars Garten. Warum die oft recht teuren Motive nicht selbst herstellen? Sie werden merken, es ist gar nicht so schwer, wie es vielleicht scheint.

Die meisten Modelle lassen sich mit einer einfachen Laubsäge aussägen. Wer sich die Arbeit erleichtern will, benutzt eine elektrische Dekupiersäge. Noch einfacher geht es mit Holzfertigteilen, die in Baumärkten und auch in Hobbyfachgeschäften erhältlich sind. Hier muss nur noch wenig gesägt werden. Aus Balkonbrettern entstehen z. B. ohne großen Aufwand freche Piraten, ein Handtuchhalter oder lustige Mäuse für Gartengeräte.

Für den Außenbereich ist wasserfest verleimtes Sperrholz oder Massivholz am besten geeignet. Wenn die Modelle dann mit Acrylfarben bemalt und zur Sicherheit noch mit einem Klarlack überzogen werden, können sie problemlos draußen stehen.

Viel Spaß beim Sägen und Bemalen wünschen

Erika Eady

M. Dawidowski

Ingrid Moras

Sybille Roganewski-Nopai

MATERIAL & TECHNIK

Das Holz

Für den Außenbereich ist wasserfest verleimtes Sperrholz oder Massivholz am besten geeignet. Zaun- oder Balkonlatten gibt es in Bau- und Gartenmärkten, wo Sie sich das Holz auch passend zuschneiden lassen können. Holzfertigteile wie ovale Bretter, Türschilder, Holzkugeln, Rundhölzer u. Ä. erhalten Sie im Hobbyfachgeschäft.

Die Säge

Zur Grundausstattung der Laubsäge gehören der Laubsägebogen, das Sägetischchen mit Schraubklemmen und Sägeblätter. Die Sägeblätter immer mit den Zacken nach unten und vom Sägebogen weg zeigend einsetzen. So spannen, dass sie bei Gegendruck nur leicht nachgeben.
Holzstärken bis 6 mm lassen sich gut von Hand sägen. Für dickeres Material ist eine elektrische Dekupiersäge besser geeignet. Mit feinen Stiftsägeblättern (135 x 2 x 0,25 mm) gelingen auch kleine Rundungen leicht und sauber.

Die Farben

Die Holzmotive mit Acrylfarben bemalen (z. B. von der Firma C. Kreul), die nach dem Trocknen witterungsbeständig, aber frostempfindlich sind. Sie können die Farben deckend auftragen oder – ähnlich wie bei einer Lasur – mit Wasser verdünnen. Die bemalten Motive zum besseren Schutz noch mit einem wetterfesten Klarlack überziehen.

Die Hilfsmittel

Transparentpapier, Bleistift, Kohlepapier zum Übertragen der Vorlagen, Schraubzwingen, Holzleim, Holzdübel, Schmirgelpapier (Körnung 150), flache und runde spitze Pinsel, Wasserglas, Tuch.

HINWEIS

Säge und Hilfsmittel werden für alle Modelle benötigt und daher nicht mehr extra aufgeführt.

SO GEHTS

Übertragen der Vorlagen

Die Vorlage mit Bleistift auf Transparentpapier abpausen. Die Zeichnung auf das Holz legen, einen Bogen Kohlepapier dazwischenschieben und alle Linien noch einmal nachziehen.

Aussägen der Motive

Das Holz mit einer Hand auf dem Sägetischchen festhalten, mit der anderen Hand den Laubsägebogen führen. Die Säge auf und ab bewegen, dabei nur leichten Druck gegen das Holz ausüben. **Wichtig:** Bei Kurvenschnitten nie die Säge drehen, sondern das Holz in die gewünschte Richtung schieben. Bei Zacken am besten zuerst von Spitze zu Spitze sägen, anschließend in zwei Schnitten den Zacken herausschneiden.
Bei Innenausschnitten und schwierigen Stellen zuerst in der Mitte ein Loch bohren, das ausgespannte Sägeblatt durch das Loch schieben und mit den Sägezähnen nach unten wieder einspannen. Den Ausschnitt heraussägen, das Sägeblatt wieder lösen und herausziehen.
Bei Dekupiersägen etwas Presspappe unter das Holz legen, dann franst es auf der Unterseite weniger aus.

Bohren und Schmirgeln

Alle Bohrungen sind auf dem Vorlagebogen markiert. Kreuze zeigen Bohrungen, die von der Fläche durch das Material hindurchgehen. Die mit einem Pfeil gekennzeichneten Bohrungen führen etwa einen Zentimeter seitlich in das Holz. Bohrlöcher mit einem Vorstecher markieren, damit der Bohrer nicht abgleitet. Beim Durchbohren von Holz immer einen Holzrest unterlegen, damit die Rückseite nicht ausfranst. Bei einigen Motiven wird die Bohrung schräg ausgeführt. Den Bohrer zunächst senkrecht aufsetzen und während des Bohrens in die gewünschte Richtung neigen.
Alle Flächen und Kanten mit Schmirgelpapier glätten. Dabei von der Fläche nach außen zu den Sägekanten hin schmirgeln. Den feinen Staub mit einem feuchten Tuch abwischen.

Holzverbindungen

Mit einem trockenen Tuch die Teile staubfrei wischen. Den Holzleim dünn über die gesamte, auf ein anderes Motivteil auftreffende Fläche verstreichen. Die Holzteile mit Schraubzwingen zusammenpressen. Dabei dünnes Holz oder dicke Pappe oben und unten dazwischenlegen, um Abdrücke zu vermeiden. Heraustretenden Leim sofort mit einem feuchten Tuch abwischen. Während für unbehandelte Holzteile ein normaler Holzleim völlig ausreichend ist, z. B. UHU Holz expressleim, sollte für die Verbindung lackierter Holzteile ein Spezialleim, z. B. UHU Holz lackleim spezial, verwendet werden.
Holzteile, die mit ihrer Kante auf eine Fläche gesetzt werden, mit Dübeln oder Schrauben verbinden. Zwei Bohrungen in die Holzkanten arbeiten, Markierungshilfen („Pins", in Baumärkten erhältlich) einsetzen und das Teil zur Probe auf der Fläche platzieren. Die Dorne des „Pins" markiert die Stelle für die Gegenbohrung. Den Holzbohrer immer etwas kleiner als die Schraubenstärke wählen. Die Dübel mit Leim einsetzen, die Holzkanten ebenfalls mit Leim bestreichen.

Seite 9

MATERIAL

- Sperrholz, 6 mm, 22 x 40 cm
- Acrylfarben in Schwarz, Weiß, Karmin, Orange, Rehbraun, Moosgrün
- Aludraht in Schwarz, 2 mm Ø
- Bohrer, 2 mm Ø
- Cutter
- Stricknadel
- Rundzange

VORLAGE 1
Vorlagebogen

Motivgröße: 23 cm

WILLKOMMEN

Lustige Raben

1 Alle Teile aus Sperrholz aussägen. Die Herz-Schnäbel aufleimen.

2 Das Willkommens-Schild mit zum Teil stark verdünnten Farben bemalen. Die grüne Schrift schwarz umranden.

3 Die Trennlinie zwischen Körper und Flügel mit einem Cutter evtl. ein wenig einkerben. Dafür das Messer von links und rechts schräg aufsetzen und den kleinen ausgeschnittenen Keil entfernen.

4 Löcher (s. Vorlage) bohren, Lackdraht über einer Stricknadel eindrehen und als Kopffedern und als Aufhängung einstecken bzw. -hängen.

MATERIAL

- Sperrholz, 6 mm, 30 x 47 cm
- Acrylfarben in Weiß, Orange, Grün, Enzianblau, Hellbraun, Schwarz
- Blumendraht
- Bastfaden
- Stiftnagel, 1 x 11 mm
- Schreibblock, ca. 10,5 x 15 cm
- Stift
- Doppelseitiges Klebeband
- 2 wasserfeste Lackstifte unterschiedlicher Stärke
- Bohrer, 3 mm Ø
- Seitenschneider

VORLAGEN 5 – 7
Seiten 56 - 57

Motivgröße: 33 cm

Fröhliche Hasen

1 Nach den Vorlagen 5 – 7 die Einzelteile aussägen, dazu noch zwei Streifen von 1 x 13,5 cm sägen. Die Bohrungen den Vorlagen entsprechend ausführen.

2 Die beiden Streifen aufeinander leimen und als Leiste auf den unteren Rand des Hasenmotivs mit dem linken Rand bündig leimen. Alles schmirgeln und mit Acrylfarben bemalen.

3 Schild und Möhre mit den Stiften beschriften. Vom Blumendraht zwei Spiralen um einen Stift wickeln und damit Schild und Hasenmotiv verbinden.

4 Die Möhre auf die Leiste setzen. Den Block mit Klebeband fixieren und den Stift mit einem Bastfaden am Möhrengrün anbinden.

5 Aus dem Draht noch eine kleine Schlaufe biegen und als Aufhänger auf der Rückseite des oberen Schildes mit dem Nagel befestigen.

MATERIAL

- Vogelhäuschen aus Holz, 16 cm hoch
- Holzeimer, 14 cm Ø
- Holzvase, 12 x 12 x 16,5 cm
- Holzhalbkugel, 3,5 cm Ø
- Holzteller, 20 cm Ø
- Holzschild, oval, 9 x 13 cm
- 3 Holzwäscheklammern
- 5 Knöpfe in Weiß, 1 cm Ø
- Acryl-Mattfarben in Weiß, Schwarz, Silber
- Acryl-Seidenglanzlack
- Pluster-Pen in Rot
- Allwetterband in Rot, 2,5 cm breit, 50 cm
- Mini-Tontopf, 5 cm Ø
- Blumensteckmasse
- Stoffblüten in Rot
- Heißkleber

VORLAGEN 8 – 9
Vorlagebogen

Motivgröße: 47 cm

Butler

1 Henkel vom Eimer abnehmen. Vase, Eimer, Teller und Vogelhaus bemalen (Vorlagen 8 und 9).

2 Wäscheklammern schwarz anmalen. Wangen und Nase mit Buntstift rot färben, Nase aufkleben. Alle Teile lackieren. Knöpfe fixieren.

3 Auf die hintere Kante der Vase eine Wäscheklammer kleben, auf die vordere Kante den Holzteller, und zwar so, dass der Eimer umgedreht darauf passt. Eimer festkleben.

4 Auf den Eimerboden zwei Wäscheklammern kleben, darauf das Vogelhaus als Kopf.

5 Um den Hals mit Allwetterband eine Schleife binden. Schild beschriften, auf dem Teller anbringen.

6 Tontopf schwarz anmalen, Blumensteckmasse einfüllen, Blumen hineinstecken und auf dem Teller fixieren.

MATERIAL

- Sperrholz, 10 mm, 26 x 32 cm
- Perle, 12 mm Ø
- Aludraht, 2 mm Ø
- Blumendraht
- Acrylfarben in Weiß, Goldgelb, Lindgrün, Rot, Ocker, Rehbraun, Schwarz
- Stiftnagel, 1 x 15 mm
- Bohrer, 2 mm Ø
- Filzstift in Grün

VORLAGE 10
Seiten 58 - 59

Motivgröße: 24 cm

Maus mit Erdbeeren

1 Das Schild mit dem Mäusekörper, eine Erdbeere, den Kopf und drei Blüten aus Sperrholz sägen. Die Bohrungen laut Vorlage ausführen. Von den Blüten nur eine seitlich anbohren. Alle Teile schmirgeln und bemalen.

2 Den Kopf, die Erdbeere und zwei Blüten mit Leim anbringen. In die dritte Blüte ein Stück Aludraht als Stiel einkleben. Aus Aludraht den Schwanz formen und in die Bohrung einkleben. Ein Stück Blumendraht um einen Pinselstiel zum Kringel biegen und als Haar fixieren.

3 Aus einem 10 cm langen Stück Blumendraht eine Schlaufe biegen und diese auf der Rückseite als Aufhängung mit einem Nagel befestigen. Das Schild beschriften.

TIPP

Für die Blüten können auch fertige Holzstreuteile verwendet werden.

MATERIAL

Für beide Figuren

- 6 Holzkonsolen in Fichte, roh, 20 x 115 x 170 cm
- Nikituch in Rot, 50 x 50 cm
- Rohholzkugel, 3 cm Ø, 3,5 cm Ø
- Acryl-Mattfarben in Weiß, Rot, Kobaltblau, Schwarz
- Acryl-Seidenglanzlack
- Pluster-Pen in Weiß, Schwarz
- Buntstift in Rot, Braun
- Heißkleber

Mädchen

- Balkonbrett, geschwungen, 11 x 90 cm
- Stoffstreifen in Blau, 15 x 70 cm
- 2 Kochlöffel aus Holz, 26 cm
- Frühstücksbrett, ca. 11 x 21 cm
- 8 Bastlocken in Gelb, 25 cm

Junge

- Balkonbrett, abgerundet, 13 x 120 cm
- 2 Holzpfannenwender, 26 cm
- Canna-Stab in Blau, 40 cm
- Kunstleder in Schwarz, 15 x 30 cm
- Gummiband in Schwarz, 40 cm

VORLAGEN 11 – 13
Vorlagebogen

Motivgröße: 90 – 120 cm

Freche Piraten

1 Konsolen anmalen, Nasen aufkleben. Holzlöffel gestreift, Balkonbretter nach den Vorlagen 11 (Mädchen) und 12 (Junge) anmalen, Rückseiten wie die Vorderseiten gestalten, nur ohne Gesicht.

2 Nähstiche und Stiefelschnürung mit Pluster-Pen malen. Je zwei Konsolen vorne als Füße aufkleben, nach dem Trocknen eine nach hinten als Stütze. Figuren lackieren.

3 Ein Stück Kunstleder oder Filz, 15 x 23 cm, als Fahne auf einer Seite fransig schneiden, ein Stück als Augenklappe ausschneiden und mit einer spitzen Stopfnadel das Gummiband anbringen. Fahne an den Cannastab kleben und ebenso wie das Holzbrett mit Pluster-Pen beschriften (Vorlage 13).

4 Dem Mädchen Bastlocken mit Heißkleber aufkleben und den Stoffstreifen umbinden. Das Nikituch als Hüftschal fixieren. Dem Jungen ein Kopftuch umbinden. Canna-Stab mit Fahne auf den Bauch kleben, Holzlöffel als Arme (mit Klammern bis zum Trocknen fixieren) anbringen. Beim Mädchen erst die Löffel aufkleben, dann das Schild.

MATERIAL

- *Zaunlatte ca. 2,5 x 14 x 88 cm*
- *Sperrholz, 6 mm, 6 x 24 cm*
- *Holzscheiben:*
  - *15 cm Ø*
  - *18 cm Ø*
- *Holzkleiderbügel*
- *Hanf*
- *Knopf, 18 mm Ø*
- *Aluminiumdraht, 1,5 mm Ø*
- *Birkenreisig*
- *Ast*
- *Bast in Braun*
- *Acrylfarben in Beige, Gelb, Orange, Krapplack, Grün, Schwarz*
- *Bohrer:*
  - *3 mm Ø*
  - *3,5 mm Ø*
- *2 Holzschrauben, 4 x 40 mm*

VORLAGEN 14 – 16
Vorlagebogen

Motivgröße: 90 cm

Kleine Hexe

1 Die Zaunlatte nach der Zeichnung auf dem Vorlagebogen zusägen. Die Arme aus einem Kleiderbügel, die Hutkrempe aus Sperrholz sägen.

2 Die Zaunlatte und die Hutkrempe der Abbildung entsprechend bemalen. Die größere Holzscheibe grün streichen. Die kleinere Scheibe als Kürbis gelb grundieren und mit Orange und Grün ausgestalten.

3 Die Hutkrempe ankleben und dabei Hanf als Haare mit einlegen. Knopf zusammen mit etwas Hanf am Kragen fixieren.

4 Alle Bohrungen nach den Zeichnungen auf dem Vorlagebogen ausführen.

5 Die Arme mit Draht befestigen und die Bodenplatte anschrauben (siehe Seite 9). Den Kürbis anleimen.

6 Reisig um einen Ast bündeln, fest mit Bast abbinden und den Besen mit Draht an der Hand der Hexe befestigen.

TIPP

Anstelle eines selbst gebundenen Besens einen fertigen Deko-Besen verwenden.

MATERIAL

Für die Figur

- Glattkantbrett, 1,8 x 13 cm, 78 cm
- Glattkantbrett, 1,8 x 9 cm, 52 cm
- Holzteller oder Holzkreis, 20 cm Ø
- Holzleiste, 1,5 x 4,5 cm, 90 cm
- Rundholz, 10 mm Ø, 40 cm
- 2 Knöpfe in Gelb, 3 cm Ø
- Bast
- Acrylfarben in Weiß, Gelb, Orange, Rot, Blau, Hellgrün, Schwarz
- Filzstift in Schwarz
- Bohrer:
  - 4 mm Ø
  - 10 mm Ø

Zum Aufstellen

- Standbrett, 30 x 40 cm
- 2 Dübel, 8 mm Ø
- Bohrer, 8 mm Ø

Oder

- Rundholz, 10 mm Ø, 2x 30 cm (als Erdspieße)
- Bohrer, 10 mm Ø

VORLAGEN 17 – 18 Seite 59

Motivgröße: 110 cm

Hier spielen Kinder

1 Vom 13-cm-Glattkantbrett 50 cm für den Körper absägen, aus dem Rest die Schuhe (Vorlage 17) sägen. Bohrungen laut Vorlage 18 ausführen. Die Holzleiste für die Arme in zwei Stücke von 45 cm sägen.

2 Alle Teile bemalen, das Schild beschriften. Das Rundholz in zwei Teile von je 20 cm sägen und als Beine in Körper und Schuhe einleimen. Die Arme auf der Rückseite anleimen und so Körper und Schild verbinden.

3 Am Kopf einige Löcher mit 4 mm Durchmesser vorbohren und Bastbüschel als Haare einkleben. Den Kopf fixieren. Die Knöpfe aufkleben.

4 Zum Aufstellen die Figur entweder auf eine Standfläche montieren oder die Schuhe von unten anbohren und angespitzte Rundhölzer als Spieße einleimen.

MATERIAL

- Sperrholz, 10 mm, 30 x 40 cm
- Verzinktes Rohr, 10 cm Ø, 36 cm (Regenrohr)
- Aludraht, 3 mm Ø
- Blumendraht
- Acrylfarben in Weiß, Gelb, Rot, Blau, Schwarz
- Heißkleber
- Bohrer, 3 mm Ø

VORLAGEN 19 – 25
Vorlagebogen

Motivgröße: 22 x 36 cm

Kletter-Max

1 Alle Einzelteile aus dem Sperrholz sägen, die Bohrungen laut Vorlage ausführen. Die Teile schmirgeln und bemalen.

2 Das Rohr von der Mitte aus 4 cm nach beiden Seiten messen, je einmal bohren. Ein Stück Blumendraht durch die Bohrungen des Rohrs und die Bohrungen des Körpers ziehen und auf der Rückseite verdrehen. Entlang der unteren Körperkante die Figur mit Heißkleber am Rohr fixieren.

3 Den Kopf mit einem 4-cm-Stück Aludraht als Hals befestigen. Für die Arme je 16 cm und für die Beine je 7 cm vom Aludraht abtrennen. Die Blüte mit 9 cm Aludraht als Stiel anbringen. Aus dem Blumendraht einige Kringel um einen Pinselstiel wickeln und als Haare in der Bohrung im Kopf befestigen.

TIPP

Im Bastelfachhandel sind auch vorgefertigte Holzbuchstaben erhältlich.

MATERIAL

- Sperrholz, 20 mm, 38 x 45 cm
- Massivholzbrett, 1,8 x 19 x 37 cm
- Sperrholz, 10 mm, 12 x 22 cm
- 2 Schrubber, Naturborsten
- 6 Holzdübel, 8 mm Ø
- Acrylfarben in Weiß, Grün, Ocker, Rehbraun, Schwarz
- Stoffrest, 10 x 20 cm
- Bohrer, 8 mm Ø

VORLAGEN 26 – 27
Seiten 60 - 62

Motivgröße: 17 cm

Schuhputz-Igel

1 Die Igel aus 20-mm-Sperrholz, das Gesicht zweimal aus 10-mm-Holz sägen. In die untere Kante der Igel laut Vorlage Löcher bohren und die Bohrungen auf das Massivholzbrett übertragen, sodass die Igel 3 cm vor der hinteren Kante stehen.

2 Die Schrubber auf der Oberseite mit je zwei Bohrungen versehen, Igel und Holzbrett entsprechend bohren. Ein Schrubber wird etwa bündig mit der vorderen Kante des Massivholzbrettes platziert, der zweite am Körper der Igel. Vor dem Verleimen alle Teile schmirgeln und bemalen.

3 Die Bürsten mit Dübeln und Leim anbringen. Den Stoff zu einem Dreieck schneiden und als Halstuch ankleben, dabei die obere Kante und die äußeren Ecken etwas einschlagen.

MATERIAL

- Sperrholz, 10 mm, 17 x 23 cm
- Sperrholz, 6 mm, 7 x 11 cm
- Alu-Blech, 0,2 mm, 5 x 14 cm
- Dübel, 6 mm Ø
- Holzkugel, 3 cm Ø
- Stiftnagel, 1 x 9 mm
- Acrylfarben in Weiß, Beige, Gelb, Dunkelrot, Hellblau, Enzianblau, Olivgrün, Schwarz
- Krakelier-Lack
- Lackstift in Schwarz
- Blumendraht
- Strohhut mit Krempe, 8 cm Ø
- Sisalkordel
- kleine Zweige
- Bohrer:
  - 2 mm Ø
  - 6 mm Ø
- Heißkleber

VORLAGEN 28 – 34
Seite 63

Motivgröße: 17 cm

FÜR DEN GARTEN

Garten-Elfe

1 Den Körper und das Schild (Vorlagen 28-29) aus dem 10-mm-Holz sägen. Zwei Arme (Vorlage 30), zwei Füße (Vorlage 31), Gießkanne und die Blüte aus dem 6-mm-Holz arbeiten. Die Bohrung am Hals mit dem 6-mm-Bohrer, alle übrigen mit dem 2-mm-Bohrer ausführen.

2 Das Flügelteil nach Vorlage 34 aus dem Alu-Blech schneiden.

3 Die Holzkugel mit dem Dübel als Kopf befestigen. Alle Teile schmirgeln und bemalen. Das Schild in Rot grundieren. Trocknen lassen. Krakelier-Lack dünn auftragen. Trocknen lassen und in Weiß übermalen. Dabei nicht mehrmals über eine Stelle streichen.

4 Arme, Gießkanne und Füße mit Draht am Körper fixieren. Das Flügelteil mit dem Nagel befestigen.

5 Von der Sisalkordel 7 cm lange Stücke schneiden, aufribbeln und als Bündel für die Frisur aufkleben. Den Hut aufsetzen. Figur und Blüte auf das Schild leimen. Den Schriftzug mit dem Lackstift auftragen.

6 Ein langes Stück Draht doppelt nehmen, in sich verdrehen, Spiralen hineinbiegen und am Schild befestigen.

MATERIAL

Für ein Huhn

- Sperrholz, 12 mm, 15 x 17 cm
- Rundholz, 8 mm Ø, 15 cm lang
- Acrylfarben in Weiß, Goldgelb, Rot, Hellgrau, Schwarz
- Bohrer, 8 mm Ø

VORLAGE 35
Seite 65

Motivgröße: 13,5 cm

Lustige Hühner

1 Das Huhn aussägen, die Bohrung für das Rundholz vornehmen. Alle Kanten schmirgeln und anschließend entstauben.

2 Das Rundholz in die Bohrung einleimen. Das Huhn mit Acrylfarben bemalen.

TIPPS & TRICKS

Rote Wangen mit einem Wachsmalstift auftragen. Dazu den Stift an einem Tuch reiben und damit über das Holz wischen.

Um den Modellen einen gebrauchten Charakter zu geben, an Kanten und Ecken etwas Farbe wieder abschleifen oder helle Flächen mit schwarzer Farbe leicht besprenkeln. Dazu mit einem harten Borstenpinsel wenig Farbe aufnehmen und mit einem Finger über die Enden der Borsten streichen.

MATERIAL

- Zaunlatte, ca. 1,6 x 13,5 x 95 cm
- Sperrholz, 6 mm, 7 x 22 cm
- Holzleiste, 1,2 x 3 x 50 cm
- Leimholz, 1,4 x 9 x 22 cm
- 2 Holzbuttons, 25 mm Ø oder Knöpfe
- Terrakotta-Halbtopf, 10 x 10 cm
- Aluminiumdraht, 1,5 mm Ø
- Kokosfasern
- Holzspankorb, ca. 25 cm lang
- Glaswindlicht zum Hängen, 6,5 cm hoch
- Acrylfarben in Weiß, Beige, Gelb, Krapplack, Grün, Schwarz
- Bohrer:
  - 2,5 mm Ø
  - 3,5 mm Ø
- Holzschrauben:
  - 1 St. à 3 x 20 mm
  - 4 St. à 3 x 25 mm
  - 2 St. à 4 x 40 mm

VORLAGEN 36 – 38
Vorlagebogen

Motivgröße: 96 cm

Fröhlicher Gärtner

1 Die Hutkrempe von der Vorlage 37 auf Sperrholz übertragen und aussägen. Für die Arme (Vorlage 38) die Holzleiste in zwei Abschnitte teilen und die Enden abrunden.

2 Grüne Acrylfarbe mit Wasser verdünnen und die Hose aufmalen. Die übrige Figur der Abbildung entsprechend mit unverdünnten Farben bemalen, ebenso die Hutkrempe, die Holzbuttons und die Bodenplatte aus Leimholz.

3 Die Farben trocknen lassen und dann die eingezeichneten Bohrungen ausführen.

4 Die Hutkrempe aufleimen und dabei Kokosfasern als Haare mit einlegen. Die Holzbuttons als Knöpfe aufleimen. Die Arme an der Rückseite mit 3 x 25-mm-Schrauben befestigen.

5 Als Aufhängung für den Tontopf die 20 mm lange Schraube halb eindrehen und den Topf einhängen.

6 Die Bodenplatte anschrauben (siehe Seite 9). Korb und Windlicht mit Draht an den Händen befestigen.

MATERIAL

- Sperrholz, 20 mm, 16 x 30 cm
- Sperrholz, 10 mm, 15 x 28 cm
- Acrylfarben in Weiß, Beige, Hellbraun, Schwarz
- Blumendraht
- Stoff, 6 x 45 cm
- Spankörbchen, ca. 10 x 22 cm
- Kleine Zweige
- Bohrer, 2 mm Ø
- Heißkleber
- Zackenschere für Stoff

VORLAGEN 39 – 41
Seiten 64 - 65

Motivgröße: 30 cm

Teddy mit Korb

1 Den Körper (Vorlage 39) aus 20-mm-Holz, Arme (Vorlage 40) und Füße (Vorlage 41) und noch einmal das Nasenteil extra aus 10-mm-Holz sägen. Bohrungen laut Vorlage ausführen.

2 Alle Teile schmirgeln und bemalen. Das Nasenteil aufleimen, die Arme mit Draht am Körper befestigen. Den Spankorb vor den Bauch kleben und die Füße davor befestigen.

3 Vom Stoff ein Stück, 4 x 8 cm, abschneiden, mit Draht in der Mitte zusammenbinden und mit Zweigen an den Spankorb kleben. Übrigen Stoff zu einem Dreieck schneiden und um den Hals des Bären binden.

MATERIAL

- 2 Zaunlatten, ca. 2 x 8,5 x 90 cm
- 4 Kochlöffel, Kellen, ca. 45 mm breit
- Figurendraht, 10 mm Ø, 60 cm lang
- Bindedraht, 0,65 mm Ø
- Kleine Gartengeräte
- Kreisschablonen-Lineal oder Münzen in verschiedenen Größen
- Acrylfarben in Weiß, Pastellweiß, Gelb, Rot, Schwarz
- Bohrer:
  - 2 mm Ø
  - 2,5 mm Ø
  - 3,5 mm Ø
  - 10 mm Ø
- Holzschrauben:
  - 4 St. à 3 x 20 mm
  - 2 St. à 3 x 25 mm
  - 4 St. à 4 x 40 mm
- 2 gerade Schraubhaken, 4 x 50 mm

VORLAGEN 42 – 43
Seite 66

Motivgröße: 80 cm

Nützliche Gartenmäuse

1 Die Zaunlatten nach den Zeichnungen zusägen. Ein Abschnitt ergibt die Bodenplatte, ein weiterer das Stück, das die Figuren auf der Rückseite verbindet.

2 Alle Lattenteile in Pastellweiß und Gelb grundieren. Augen, Nase und Käselöcher mit der Kreisschablone bzw. mithilfe von Münzen aufmalen. Weiß und Schwarz zu hellem Grau mischen und damit die einzelnen Käselöcher betonen.

3 Die Farben trocknen lassen und dann die eingezeichneten Bohrungen ausführen.

4 Den Figurendraht in zwei Teile schneiden und als Schwänzchen in die seitlichen Bohrungen leimen.

5 Für die Schnurrhaare 60 mm lange Drahtstücke schneiden. Jeweils ein Ende mit der Zange u-förmig eng zusammendrücken und in eine der Bohrungen neben der Nase stecken.

6 Für die Ohren die Kochlöffel jeweils auf 130 mm Länge kürzen und mit Pastellweiß grundieren. Weiß und Rot mischen und die Löffelkellen innen rosafarben ausmalen. Löcher bohren und die Löffel mit 20 mm langen Schrauben an den Latten-Rückseiten befestigen.

7 Die Bodenplatte mit 4 x 40-mm-Schrauben, das Verbindungsstück mit 3 x 25-mm-Schrauben an den Latten befestigen. Die Schraubhaken zwischen den Pfoten eindrehen und kleine Gartengeräte daran aufhängen.

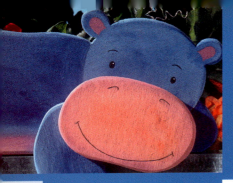

MATERIAL

- Sperrholz, 20 mm, 13 x 35 cm
- Sperrholz, 10 mm, 16 x 40 cm
- Blumendraht
- Acrylfarben in Weiß, Rot, Flieder, Blau, Schwarz
- Bohrer, 2 mm Ø

VORLAGEN 44 – 46
Vorlagebogen

Motivgröße: 20 cm

Nilpferd mit Blumen

1 Den Körper des Nilpferdes aus 20-mm-Sperrholz sägen und laut Vorlage bohren. Die Beine und das Nasenteil aus 10-mm-Holz arbeiten. Zusätzlich aus 10-mm-Holz den oberen Teil der Nase ein zweites Mal als Abstandshalter zusägen.

2 Alle Teile schmirgeln und bemalen. Blau und Flieder für Körper und Nasenteil stark mit Wasser verdünnen.

3 Beine, Abstandshalter und Nase mit Leim am Körper befestigen. Aus dem Blumendraht einige Kringel um einen Pinselstiel wickeln und als Haare in der Bohrung fixieren.

MATERIAL

- Sperrholz, 6 mm, 20 x 36 cm
- Acrylfarben in Schwarz, Weiß, Rosé, Gelb, Rehbraun, Maigrün, Türkis, Ultramarin
- Lackdraht in Schwarz, 0,5 mm Ø
- Thermometer in Schwarz, 27 cm lang
- 2 Schrauben, 1 x 18 mm, 1 x 25 mm
- Stricknadel
- Bohrer, 1 mm Ø

VORLAGEN 47 – 49
Seiten 68 - 69

Motivgröße: 40 cm

Thermometer-Katze

1 Die Katze, zwei Füße und die Sonne aussägen und bemalen. Füße und Körper durchbohren und mit Lackdraht verbinden. Löcher für Schnurrhaare bohren, Lackdraht hindurchziehen und mit der Stricknadel eindrehen.

2 Schwanzspitze und Arm mit je einem Loch versehen und mit Lackdraht verbinden. Diesen nach Wunsch ebenfalls mit der Stricknadel zur Spirale drehen. Die Sonne mit Lackdraht anbinden.

3 Das Thermometer mit zwei Schrauben am Schwanz befestigen. Wie immer vor dem Eindrehen der Schraube ein Loch vorbohren; der Durchmesser des Bohrers muss geringer sein als der der Schraube. Die Länge der Schrauben richtet sich nach der Höhe des Thermometers.

MATERIAL

- Zaunlatte, ca. 2 x 8,5 x 90 cm
- Holzscheibe, 20 cm Ø
- Vesperbrett, 1 x 21 x 13 cm
- Rundstab, 15 mm Ø, 60 cm lang
- 2 Holzkugeln mit Bohrung, 4 cm Ø
- Figurenkegel aus Holz, konisch, 48/20 mm
- Hanf
- Karo-Schleifenband, in Blau-Weiß, 5 mm breit
- Paketschnur
- Acrylfarben in Weiß, Rot, Fleischfarbe, Hell- und Dunkelblau, Schwarz
- Bohrer:
  - 2,5 mm Ø
  - 3,5 mm Ø
  - 4,5 mm Ø
- Holzschrauben:
  - 3 St. à 3 x 25 mm
  - 2 St. à 4 x 40 mm
  - 2 St. à 5 x 80 mm
- Nägel, 2 St. à 1,2 x 20 mm

VORLAGE 50
Vorlagebogen

Motivgröße: 90 cm

Handtuchhalter

1 Zaunlatte, Stab, Kugeln, Figurenkegel und Vesperbrett der Abbildung entsprechend bemalen. Das Gesicht auf die fleischfarben grundierte Holzscheibe malen. Zwei Löcher in die Bodenplatte (Vesperbrett) bohren.

2 Als Hände die beiden Holzkugeln mit 80 mm langen Schrauben an den Stabenden fixieren. In der Höhe von 66 cm zwei Löcher in die Rückseite der Zaunlatte bohren (nicht durchbohren) und zwei entsprechende Löcher in den Stab. Den Stab mit 25 mm langen Schrauben an der Zaunlatte befestigen.

3 Ein Loch von 2,5 mm Ø in die flache Unterseite des Figurenkegels bohren. Den Kegel mittig auf der Zaunlatten-Vorderseite etwa 60 cm hoch anbringen, d. h. durchbohren und eine 3 x 25-mm-Schraube von hinten durchschrauben.

4 Für die Haare Hanf bündeln und in der Mitte mit Schnur abbinden. Seitlich Zöpfe binden und mit Schleifen verzieren. Die Haare auf die Holzscheibe kleben und den Kopf an die Zaunlatte leimen. Mit zwei Nägeln fixieren.

5 Bodenplatte und Figur mit 4 x 40-mm-Schrauben zusammenfügen (siehe Seite 9).

MATERIAL

- Sperrholz, 3 mm, 66 x 30 cm
- Sperrholz, 12 mm, 26 x 10 cm
- Acrylfarben in Weiß, Rehbraun, Schwarz, Rosé, Maigrün, Moosgrün
- 4 Schrauben, 20 mm
- Bohrer, 2 mm Ø

VORLAGEN 51 – 53
Seiten 70 - 71

Motivgröße: 38 cm

Klammer-Teddy

1 Körper, Kopf, zwei Rechtecke als Hände, die vordere Hosenplatte sowie zwei Füße aus 3-mm-Sperrholz sägen. Die beiden dreieckigen Seitenteile und die zwei Abstandhalter zwischen Arm und Hand aus 12-mm-Holz aussägen.

2 Die vordere Hosenplatte, die Seitenteile und den Teddy so zusammenleimen, dass die untere Kante der Hosenplatte am unteren Rand des Teddys aufliegt. Zur Sicherheit im unteren Bereich Platte und Seitenteile verschrauben. Über den Schrauben die Füße aufleimen und diese so verdecken. Von der Rückseite die Verbindung ebenfalls mit Schrauben sichern.

3 Den Kopf aufleimen. Die Hände auf der Rückseite der Arme fixieren und dabei den 3-mm-Abstandhalter dazwischen fassen; oben müssen die drei Lagen bündig abschließen. Zur Sicherheit die drei Lagen mit Schrauben zusammenhalten.

4 Alles je nach Holzstruktur mit zum Teil stark verdünnten Farben bemalen.

MATERIAL

- Schrauben
- Tacker/Klammern (7 mm)
- Glas-Teelichthalter

Eule

- Sperrholz, 9 mm, 29 x 38 cm
- Sperrholz, 6 mm, 10 x 11 cm
- Acrylfarben in Weiß, Schwarz, Rehbraun, Gelb
- Drahtgewebe, 6 x 6 mm

Schäfchen

- Sperrholz, 9 mm, 29 x 42 cm
- Acrylfarben in Weiß, Schwarz, Rehbraun, Karmin, Gelb, Kobaltblau
- Aludraht in Schwarz, 2 mm Ø
- Stift
- Bohrer, 2 mm Ø

VORLAGEN 54 – 55
Seiten 72 - 75

Motivgröße: 22 cm, 25 cm

Tierische Laternen

Eule

1 Die Eule, die hintere Wand, die beiden Seitenteile sowie den quadratischen Boden (10,5 x 10,5 cm) und den Fuß aus dem starken Sperrholz aussägen, die kleine Eule aus dem dünneren Holz. Die Innenausschnitte anbringen.

2 Drahtgewebe passend für den Ausschnitt mit einer Randzugabe von 5 mm ausschneiden und mit Klammern an der Innenseite fixieren. Alle Teile zusammenleimen und mit Schrauben sichern. Die Seitenteile dabei an der Schmalseite der Bodenplatte anleimen. Die kleine Eule und den Fuß auf der Vorderseite befestigen und alles mit zum Teil stark verdünnten Farben bemalen.

Schäfchen

1 Vorderseite, Rückwand, die beiden Seitenteile und die quadratische Bodenplatte sowie zwei Füße und eine Blüte aus Sperrholz aussägen. Wie bei der Eule das Drahtgewebe fixieren. Alles mit Holzleim zusammenfügen, dabei die Seitenteile auf die Bodenplatte kleben. Zur Sicherheit einige Schrauben eindrehen.

2 Die Vorderseite mit verdünntem Rehbraun bemalen. Nach dem Trocknen die unverdünnten Farbflächen gestalten. In einen Fuß und in die Blüte jeweils ein 2-mm-Loch bohren, 20 cm Aludraht über einem Stift eindrehen und einkleben.

MATERIAL

- 1 Balkonbrett mit Bogenkante, 2 x 12 cm, 100 cm
- Glattkantbrett, 1,8 x 13 cm, 29 cm
- Holzleiste, 1 x 4 cm, 40 cm
- 4 Holzdübel, 8 mm Ø
- 1 Rolle Jutekordel, 2 mm Ø
- Juteband, 20 cm, 1 m
- Blumendraht
- Minibuchsgirlande, 35 cm
- Zweige
- Acrylfarben in Weiß, Schwarz
- Lackstift in Gold
- Bohrer:
  - 3 mm Ø
  - 8 mm Ø

VORLAGEN 56 – 57
Seite 67

Motivgröße: 100 cm

WEIHNACHTEN & WINTER

Großer Engel

1 Die Holzleiste für die Arme in zwei Stücke von 20 cm sägen, je ein Ende abrunden (Vorlage 56). Von dem Glattkantbrett ein Stück von 20 cm für die Standfläche und ein Stück von 9 x 9 cm für das Kerzenbrett sägen.

2 Die Bohrungen laut Vorlage 56 und 57 ausführen. Das Balkonbrett mit Dübeln und Leim auf der Standfläche anbringen.

3 Alle Teile bemalen. Die Arme mit Draht anbinden. Das Kerzenbrett mit Dübeln am Bauch fixieren.

4 Von der Jutekordel einige Fäden, 22 und 54 cm lang, zusammenbinden und als Frisur fixieren. Das Juteband zur Schleife legen, mit Draht zusammenbinden und auf dem Rücken anbringen. Buchsgirlande und Zweige ergänzen.

HINWEIS
Kerze nie unbeobachtet brennen lassen!

MATERIAL

- Holzbrettchen, 11 x 21 cm
- Rohholz-Halbkugel, 1,5 cm Ø
- Lackdraht in Rot, 0,3 mm Ø
- Bouilloneffektdraht in Gold
- Wallnüsse
- Acryl-Mattfarben in Weiß, Karmin, Ultramarinblau, Schwarz, Silber
- Acryl-Mattlack, transparent
- Metallic-Pen in Gold
- Heißklebepistole

VORLAGEN 58 – 60
Vorlagebogen

Motivgröße: 70 cm

Nussknacker

1 Die Vorlagen mit Kohlepapier auf die Bretter übertragen, mit Acryl-Mattfarben anmalen und nach dem Trocknen lackieren. Dann mit Metallic-Pen ausarbeiten.

2 Halbkugel als Nase aufkleben. Bretter untereinander anordnen, dabei zeigen die bemalten Seiten nach unten.

3 Zwei Stränge Draht nebeneinander auf die Brettchen legen und festtackern, oben eine Schlaufe fixieren. Zwischen den Brettern kann der Draht spiralig gedreht werden. Einfach vor dem Festtackern den Draht für diese Stellen ein Stück um einen Holzspieß wickeln.

4 Für die Nusskette Walnüsse im Abstand von 10 bis 15 cm einzeln mit Bouilloneffektdraht umwickeln und den Draht mit je zwei Klebepunkten aus der Klebepistole fixieren.

MATERIAL

- Balkonbrett, 13 x 120 cm
- Balkonbrett mit Bogenkante, 12 x 100 cm
- Sperrholz, 10 mm, 20 x 20 cm
- Holzkugel, 4 cm Ø
- 7 Dübel, 8 mm Ø
- 3 Moosgummikugeln, 3 cm Ø
- 5 Knöpfe, 22 mm Ø
- Spanndraht, 1,5 mm Ø, 28 cm
- Blumendraht
- Dekolaterne
- Zweige
- Acrylfarben in Weiß, Orange, Rot, Blau, Schwarz
- Bohrer
  - 3 mm Ø
  - 8 mm Ø

VORLAGEN 61 – 63
Vorlagebogen

Motivgröße: 76 cm

Schneemänner

1 Von dem 120-cm-Balkonbrett 50 cm für die Standfläche absägen (Vorlage 61). Das andere Brett in ein Stück von 55 cm und ein Stück von 45 cm sägen. Am kürzeren Stück laut Vorlage 62 zwei Dreiecke absägen.

2 Aus dem 10-mm-Holz nach Vorlage 63 zwei Hutkrempen sägen, für den mittleren Schneemann die Hutkrempe mit dem Cutter laut Vorlage etwas anschrägen. Die Hutkrempe für den großen Schneemann flach aufleimen, die andere schräg ansetzen.

3 Die Holzkugel mit einem Dübel auf dem langen Schneemann befestigen, dazu mit dem 8-mm-Bohrer vorbohren, ebenfalls seitlich für den Zweig mit 8 mm bohren. Mit dem 3-mm-Bohrer für die Drahtverbindungen bohren, die Figuren mit Dübeln auf der Standfläche fixieren.

4 Die Schneemänner bemalen, die Moosgummikugeln aufkleben und orange anmalen. Aus dem Spanndraht den Bügel für den Eimer formen und ankleben. Die Knöpfe befestigen. Laterne dazustellen.

MATERIAL

Schneemann

- Sperrholz, 8 mm, 15 x 19 cm
- Rohdraht, 1,6 mm Ø
- Schraube, 15 mm
- Holzleiste, 10 x 10 mm, 18 cm
- Acrylfarben in Weiß, Schwarz, Karmin, Orange, Strohgelb, Türkis, Rehbraun
- Lackdraht in Schwarz
- Nähfaden, transparent

Elch

- Sperrholz, 8 mm, 20 x 24 cm
- Acrylfarben in Weiß, Schwarz, Rehbraun, Dunkelbraun
- Rohdraht, 1,6 mm Ø
- Lackdraht in Schwarz
- Schraube, 15 mm
- Holzleiste, 10 x 10 mm, 18 cm

VORLAGEN 67 – 68
Seiten 76 - 77

Schneemann & Elch

1 Den Elch und den Schneemann sowie die Einzelteile aus Sperrholz aussägen. Beim Elch den Kopf, beim Schneemann die Nase aufleimen.

2 Für den kreisrunden Innenausschnitt in der Mitte ein Loch bohren, das ausgespannte Sägeblatt hindurchziehen und wieder einspannen. Anschließend den Ausschnitt sägen, das Sägeblatt ausspannen und mit den Sägezähnen nach unten wieder einspannen.

3 Die Figuren mit zum Teil verdünnten Acrylfarben bemalen. Jeweils unter der Figur eine 18 cm lange Holzleiste mit einer Schraube befestigen. Am Kopf des Schneemanns Löcher (1,6 mm Ø) bohren und die über einer Stricknadel oder einem Rundstab zur Spirale eingedrehten Haare aus Rohdraht einkleben. Das Holzherz mit transparentem Faden anbinden.

4 Am oberen Rand jeweils ein Loch für die Aufhängung bohren; Lackdraht mittig einhängen und die Enden des Lackdrahtes verdrehen. Von den Seiten her in der Mitte der Bäuche jeweils rechts und links ein kleines Loch für den Spieß aus Rohdraht bohren. Die Enden mit einer Zange eindrehen.

VORLAGEN

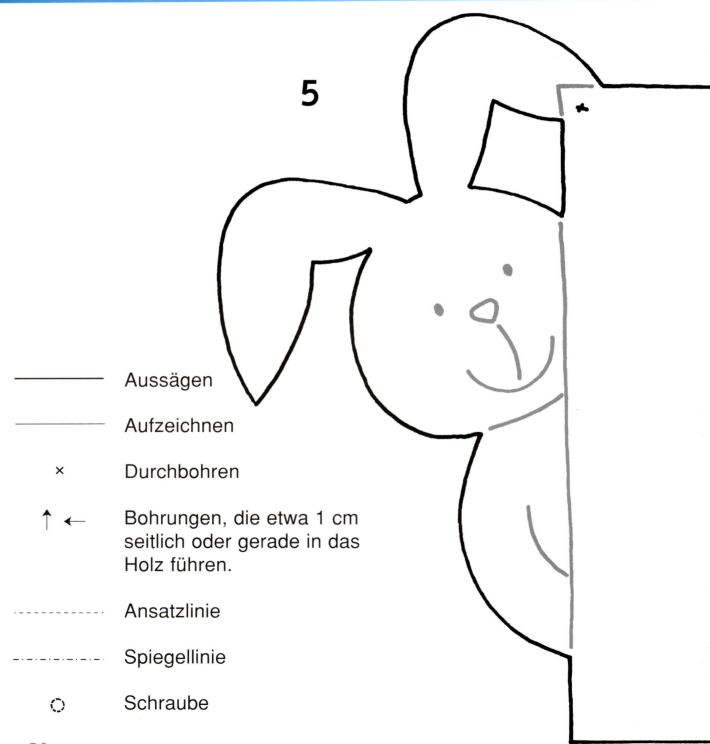

5

——————— Aussägen

——————— Aufzeichnen

× Durchbohren

↑ ← Bohrungen, die etwa 1 cm seitlich oder gerade in das Holz führen.

- - - - - - - Ansatzlinie

-·-·-·-·-·- Spiegellinie

○ Schraube

Seite 56

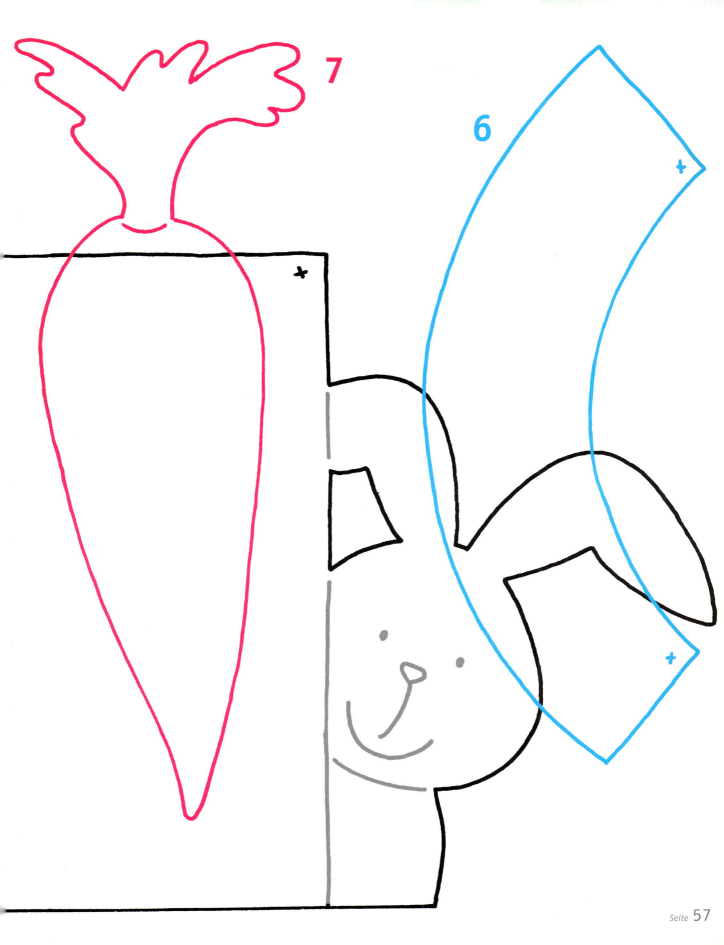

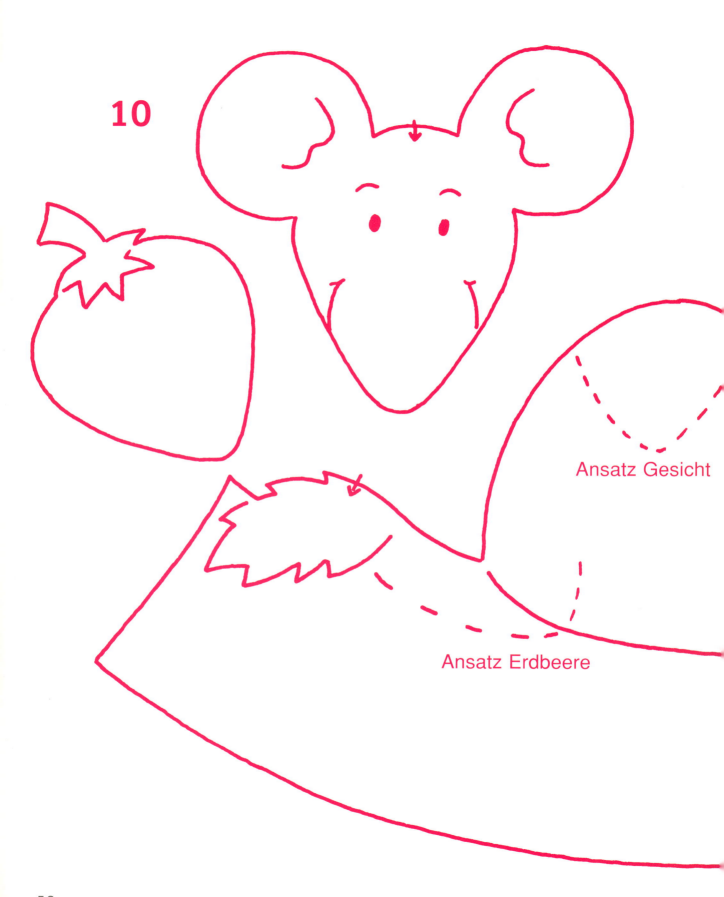

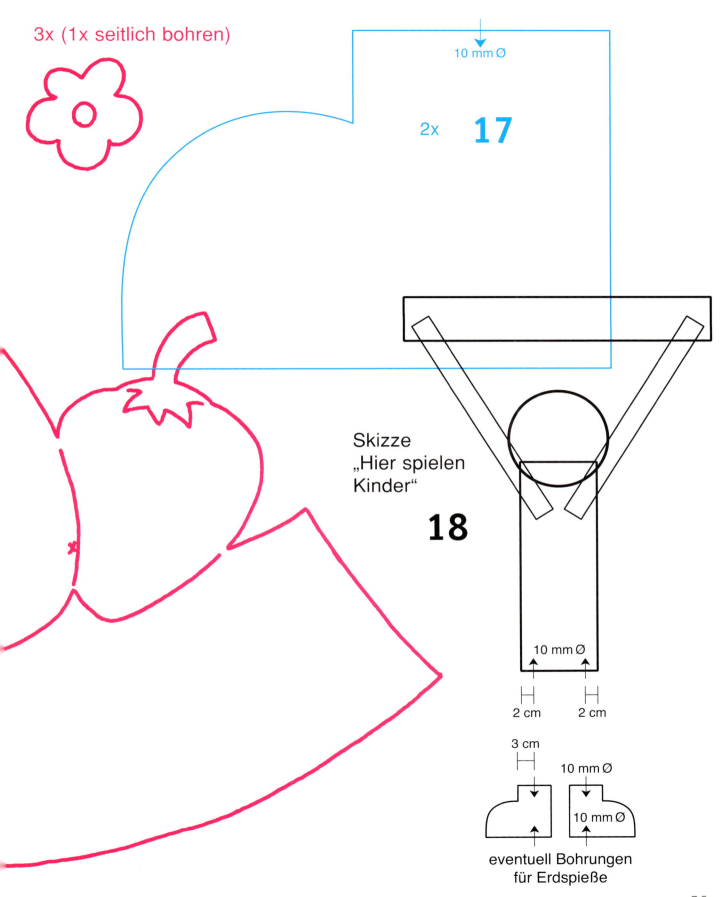

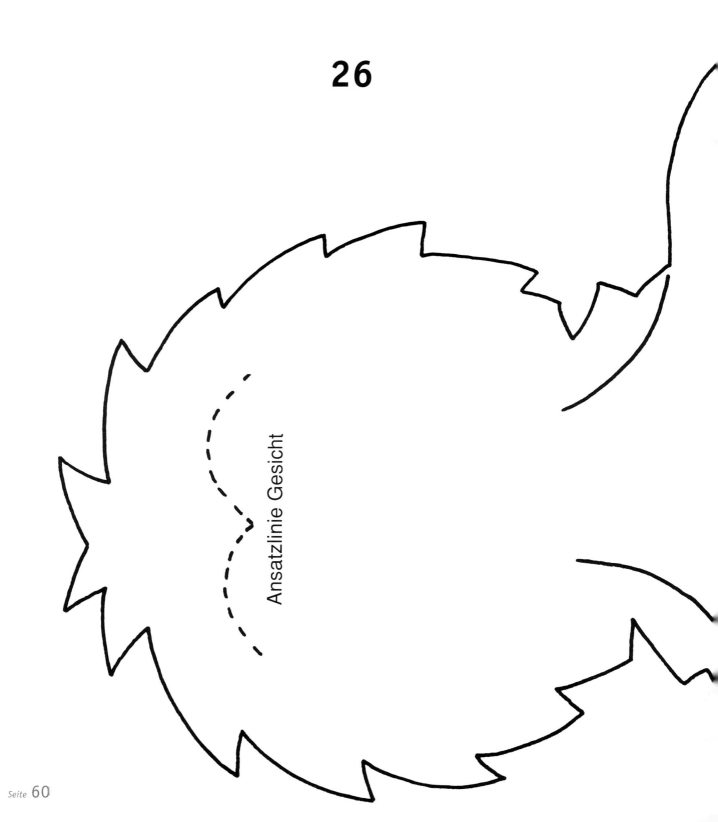

Ansatz Teil 27

Seite 61

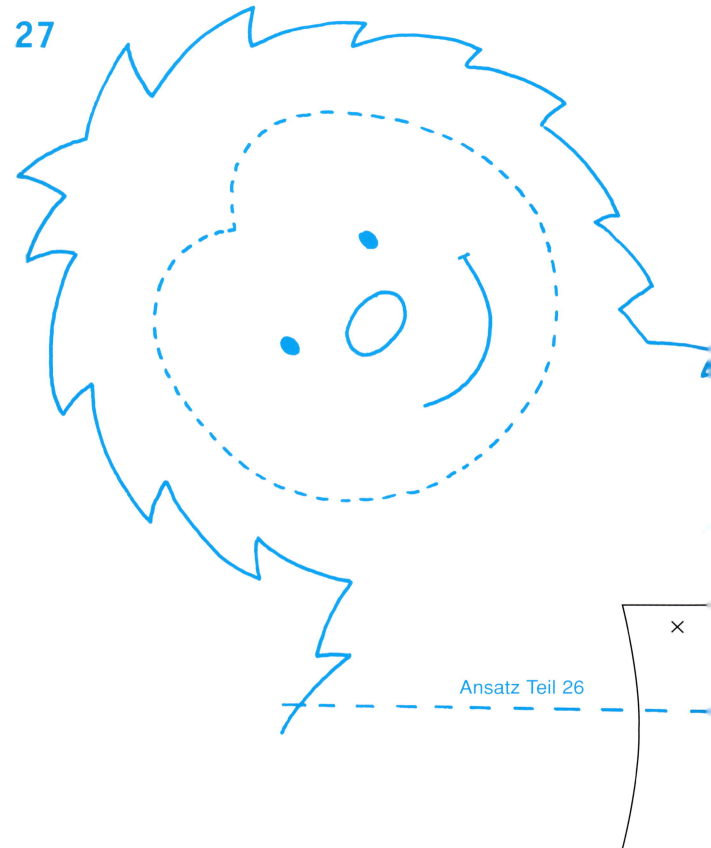

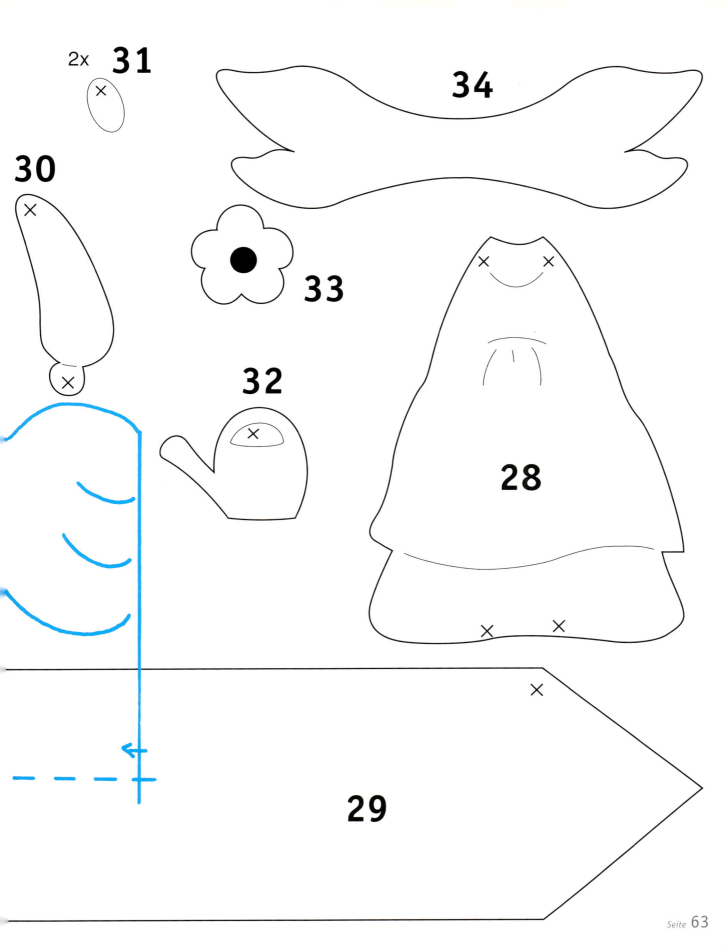

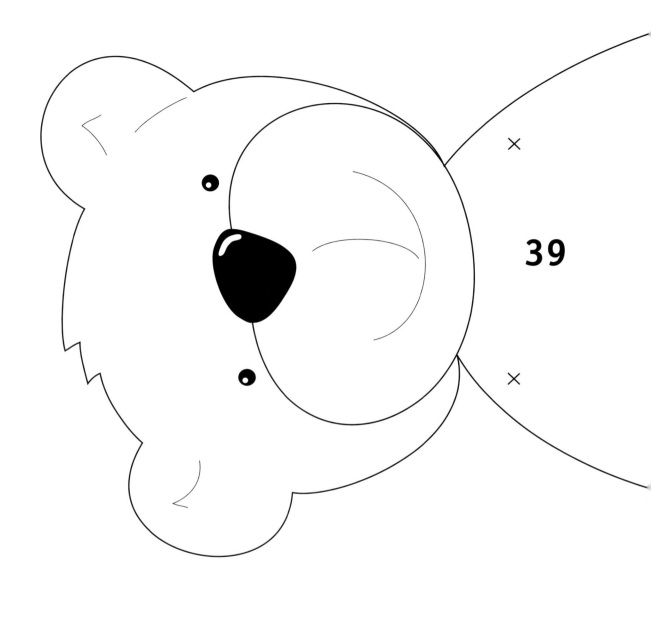

39

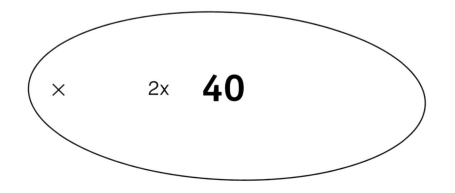

2x **40**

Seite 64

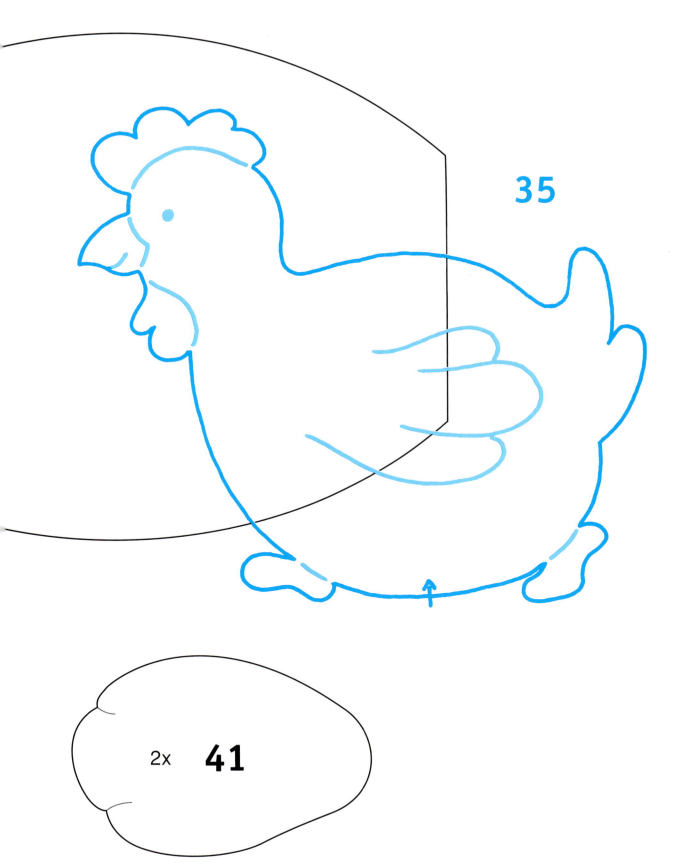

Vorlage um
50% verkleinert
42

Vorlage um
50% verkleinert
43

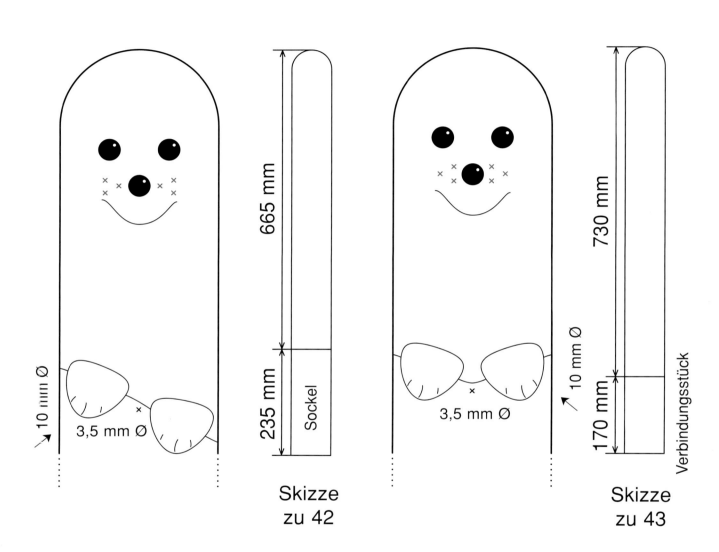

Skizze
zu 42

Skizze
zu 43

Skizze „Großer Engel"

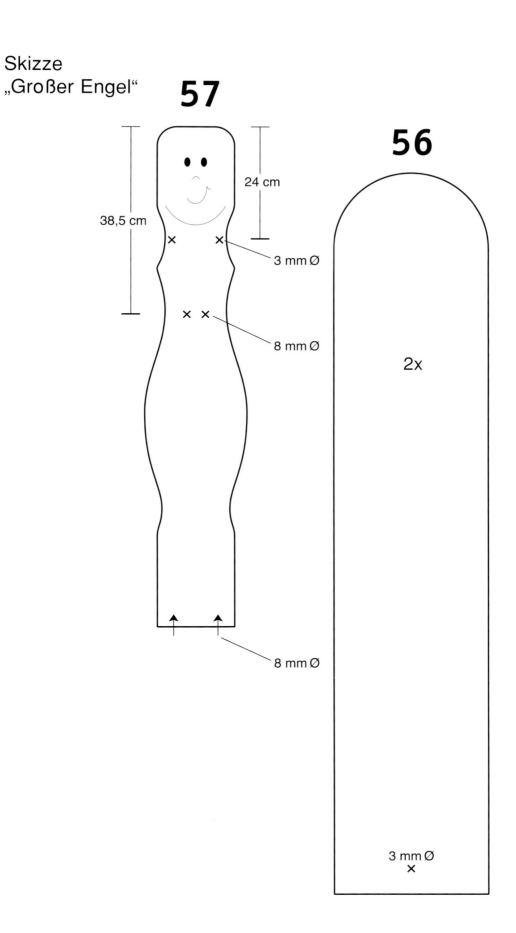

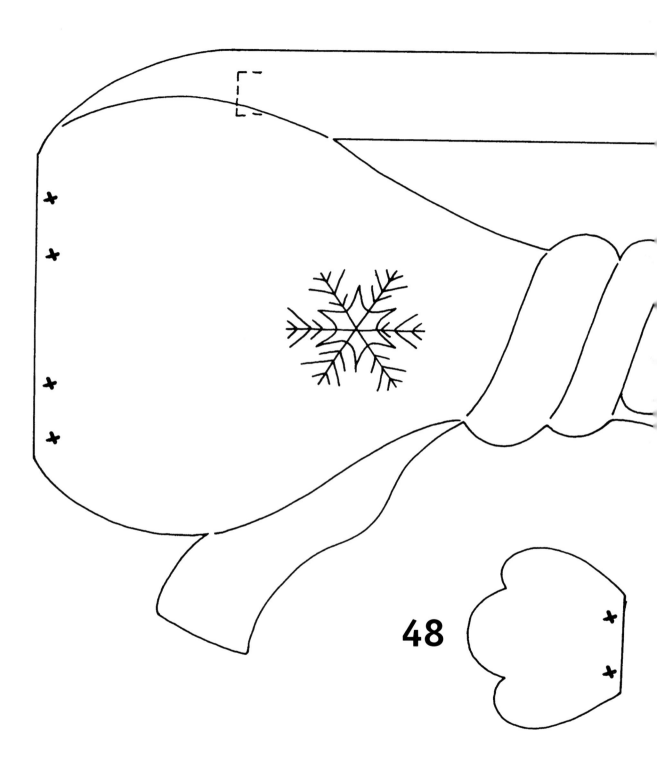

48

Seite 68

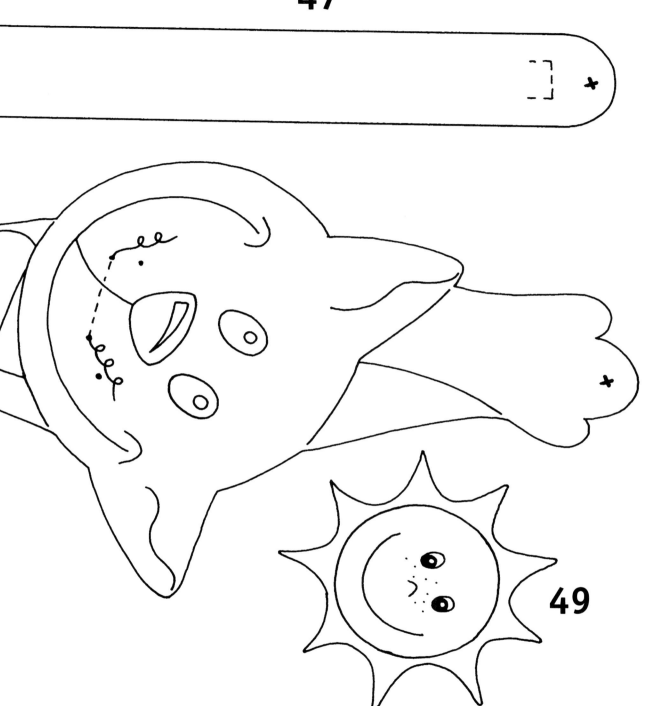

Seite 69

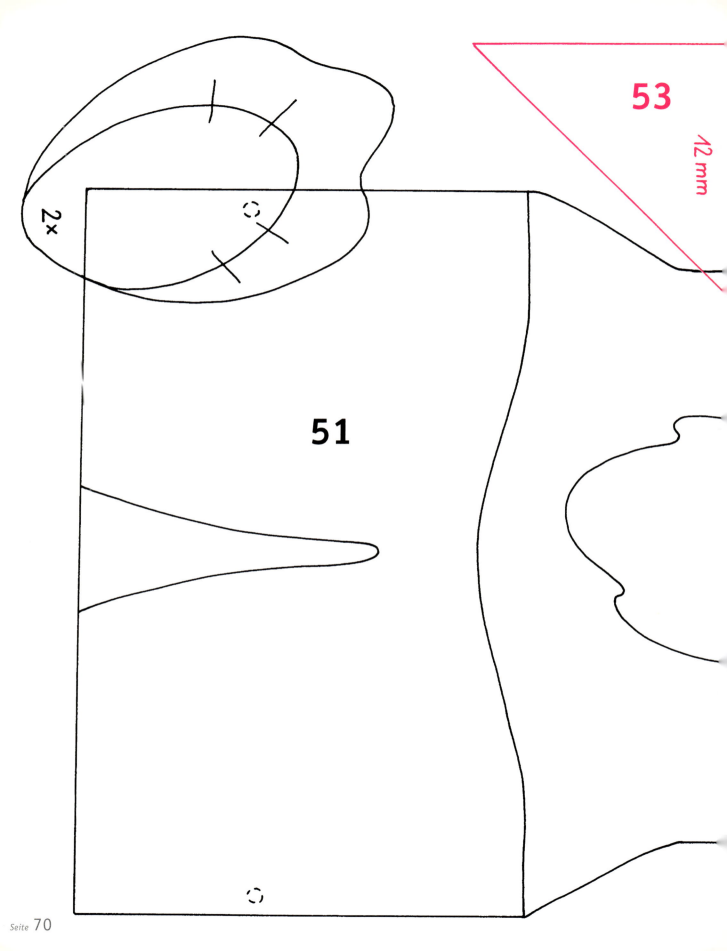

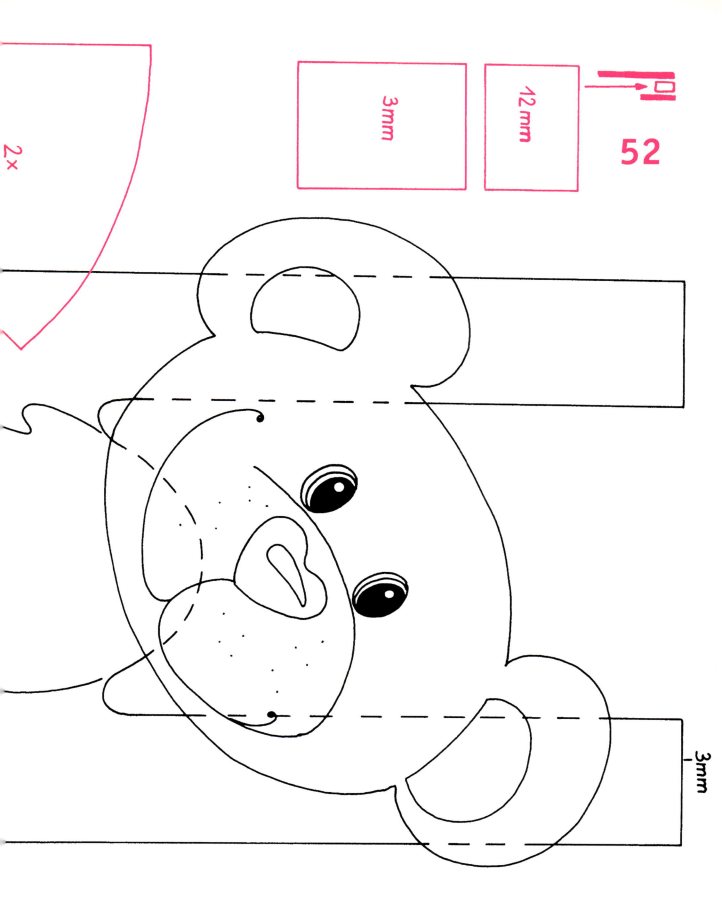

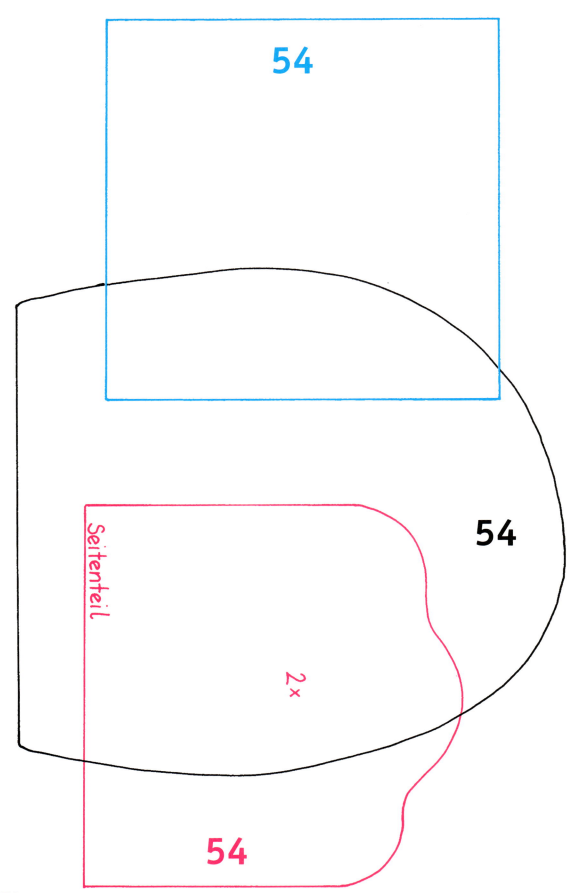

54

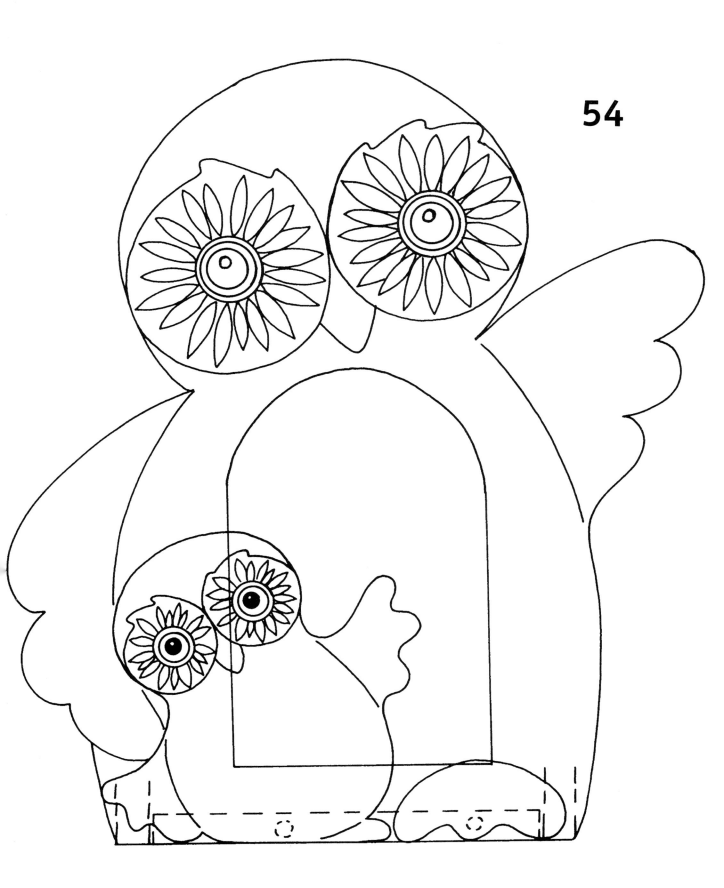

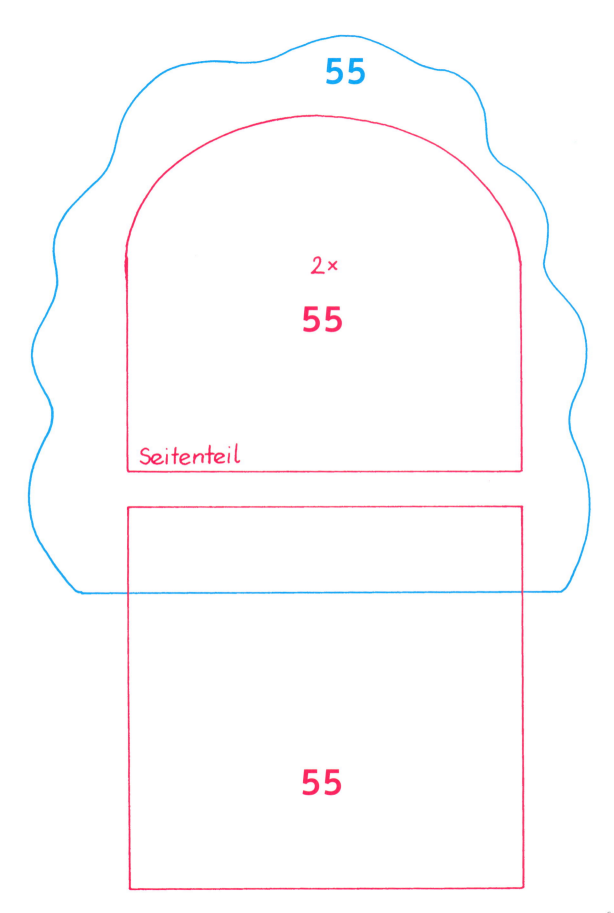

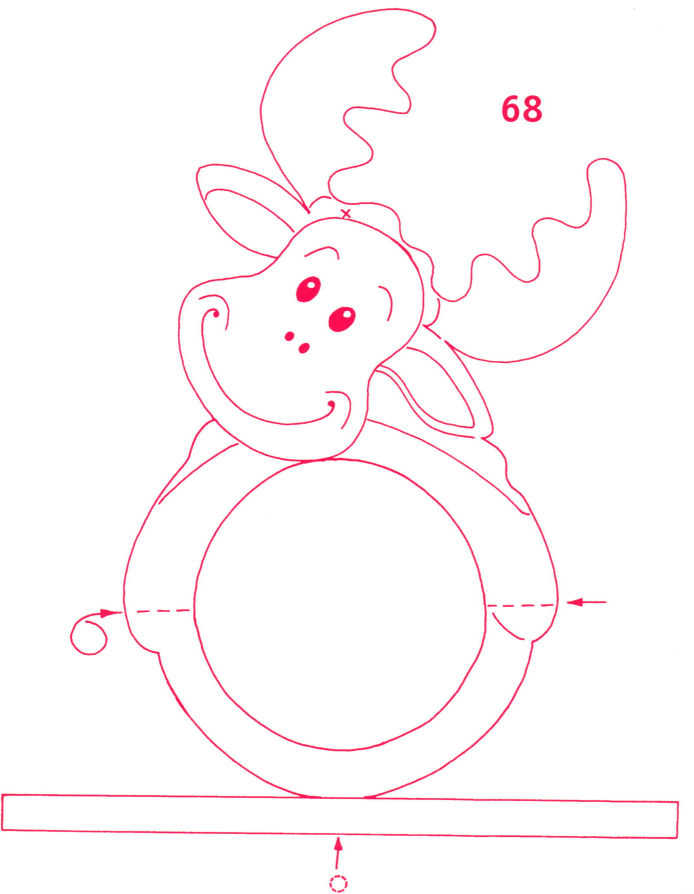

68

Seite 77

Impressum

Autorinnen:
Erika Bock, Seiten 20-21, 32-33, 36-37, 42-43

Marion Dawidowski, Seiten 12-13, 16-17, 22-31, 34-35, 48-49, 52-53

Ingrid Moras, Seiten 10-11, 40-41, 44-47, 54-55

Sybille Rogaczewski-Nogai, Seiten 14-15, 18-19, 50-51

Abbildungen:
Roland Krieg, Seiten 18-19, 22-23, 30-31, 48-53

Christoph Schmotz, Seiten 20-21, 24-29, 32-47, 54-55

© Christophorus im Verlag Herder
Freiburg im Breisgau 2005
www.christophorus-verlag.de

Alle Rechte vorbehalten –
Printed in Germany
ISBN 3-419-53645-3

Dieses Buch und alle darin gezeigten Modelle sind urheberrechtlich geschützt.
Jede gewerbliche Nutzung der Arbeiten und Entwürfe, ein Nachdruck, auch auszugsweise, sowie die Verbreitung durch Fotokopien, Internet und elektronische Medien, durch Film, Funk und Fernsehen ist untersagt und wird zivil- und strafrechtlich verfolgt. Bei Anwendung im Unterricht und in Kursen ist auf dieses Buch hinzuweisen.

Redaktion: Ursula Brunn-Steiner, Groß-Gerau
Layoutentwurf: Network!, München
Gesamtproduktion: smp, Freiburg
Satz: Gisa Bonfig, Freiburg
Druck: Himmer, Augsburg